BEI GRIN MACHT SICH IHR WISSEN BEZAHLT

AF136095

- Wir veröffentlichen Ihre Hausarbeit,
  Bachelor- und Masterarbeit

- Ihr eigenes eBook und Buch -
  weltweit in allen wichtigen Shops

- Verdienen Sie an jedem Verkauf

Jetzt bei www.GRIN.com hochladen und kostenlos publizieren

Bibliografische Information der Deutschen Nationalbibliothek:

Die Deutsche Bibliothek verzeichnet diese Publikation in der Deutschen National-
bibliografie; detaillierte bibliografische Daten sind im Internet über http://dnb.d-
nb.de/ abrufbar.

Impressum:

Copyright © 2018 GRIN Verlag
Druck und Bindung: Books on Demand GmbH, Norderstedt Germany
ISBN: 9783346039590

Dieses Buch bei GRIN:

https://www.grin.com/document/501828

Moritz Schmehl

Trainingsplanung für den Muskelaufbau. Erstellung eines Makrozyklus anhand von Biometrischen Daten und Maximal-Krafttests

GRIN Verlag

GRIN - Your knowledge has value

Der GRIN Verlag publiziert seit 1998 wissenschaftliche Arbeiten von Studenten, Hochschullehrern und anderen Akademikern als eBook und gedrucktes Buch. Die Verlagswebsite www.grin.com ist die ideale Plattform zur Veröffentlichung von Hausarbeiten, Abschlussarbeiten, wissenschaftlichen Aufsätzen, Dissertationen und Fachbüchern.

Besuchen Sie uns im Internet:

http://www.grin.com/

http://www.facebook.com/grincom

http://www.twitter.com/grin_com

Deutsche Hochschule für
Prävention und Gesundheitsmanagement
Hermann Neuberger Sportschule 3
66123 Saarbrücken

Einsendeaufgabe

Fachmodul:	Trainingslehre I
Studiengang:	Bachelor of Arts Sportökonomie
Datum Präsenzphase:	26.11.2018 – 29.11.2018
Name, Vorname:	Schmehl, Moritz
Studienort:	**Hamburg**
Semester:	**WS 2018**

Inhaltsverzeichnis

1   DIAGNOSE 1

1.1   Allgemeine und biometrische Daten 1

1.2   Krafttestung 4

    1.2.1   Testablauf 4

    1.2.2   Durchführung des Mehrwiederholungskrafttest nach X-RM 5

    1.2.3   Bewertung der Testergebnisse 5

2   ZIELSETZUNG/PROGNOSE 6

3   TRAININGSPLANUNG MAKROZYKLUS 7

3.1   Begründung der Trainingsmethode 7

3.2   Begründung der Belastungsparameter 8

3.3   Begründung der Organisationsform 8

3.4   Begründung der Periodisierung 9

4   TRAININGSPLANUNG MESOZYKLUS 10

5   LITERATURRECHERCHE 12

6   LITERATURVERZEICHNIS 15

7   TABELLENVERZEICHNIS 16

2   Diagnose

2.1   Allgemeine und biometrische Daten

Der Trainierende ist männlich und trainiert seit drei Jahren in einem Fitnessstudio. Er war zwischenzeitlich im Ausland und hatte zuvor des Öfteren längere Pausen, sodass er erst seit einem Jahr regelmäßig Krafttraining betreibt. Des Weiteren fühlt er sich nach eigener Aussage gesund und sportlich voll belastbar. Seine berufliche Tätigkeit findet überwiegend sitzend statt. Um das Training mit Beruf und Alltag vereinbaren zu können, hat er sich einen zeitlichen Verfügungsrahmen von drei bis vier Einheiten pro Woche gesetzt, die jeweils 90 Minuten dauern sollen. Zur besseren Übersicht erfolgt die Darstellung der allgemeinen Daten tabellarisch (Tabelle 1):

Tab. 1: allgemeine Daten des Trainierenden

Allgemeine Daten	
Alter	21 Jahre
Geschlecht	männlich
Körpergröße	184 cm
Körpergewicht	86 kg
Trainingsmotive	Muskelaufbau bei gleichbleibendem Körperfettanteil
	Kraftsteigerung Grundübungen
	Beweglichkeit beibehalten/verbessern
berufliche Tätigkeit	Fachinformatiker
aktuelle sportliche Aktivitäten	seit 3 Jahren unregelmäßiges Krafttraining im Fitnessstudio. Seit einem Jahr 3 – 4 x pro Woche regelmäßiges Krafttraining

Allgemeine Daten	
frühere sportliche Aktivitäten	Trampolin-Springen 1 – 2 x pro Woche
	Mountainbike-Fahren 1 x pro Woche
	Jogging 1 x pro Woche
zeitlicher Verfügungsrahmen	3 – 4 x 90 min/Woche

Der Trainierende wird hinsichtlich seines Gesundheitszustandes befragt. Sein Blutdruck und Puls werden gemessen. Des Weiteren wird sein Körperfettanteil mit Hilfe einer Körperfettwaage festgestellt. Die Ergebnisse sind in Tabelle 2 aufgeführt:

Tab. 2: biometrische Parameter des Trainierenden

Biometrische Parameter	
Blutdruck	121/82 mmHg
Ruhepuls	62 Schläge pro Minute
Körperfettanteil in %	14%
allgemeiner Gesundheitszustand	sehr gut
orthopädische Probleme	nicht bekannt
internistische Probleme	nicht bekannt
ärztliche Behandlungen	nicht in ärztlicher Behandlung
Einnahme von Medikamenten	nein
sonstige gesundheitliche Einschränkungen	keine gesundheitlichen Einschränkungen

Die biometrischen Parameter des Trainierenden werden in Tabelle 3 mit den Normwerten abgeglichen und bewertet:

Tab. 3: Bewertung der biometrischen Parameter

Bewertung der biometrischen Parameter		
Parameter	**Normwert**	**Bewertung**
Blutdruck	<129/<84 mmHg (Croci, S., 2018a)	Der Trainierende hat einen Blutdruck, der im Normalbereich liegt.
Ruhepuls	60-80 Schläge/Minute (Croci, S., 2018b)	Der Ruhepuls des Trainierenden liegt im Normalbereich.
Körperfettanteil	8 – 20%	Der Körperfettanteil des Trainierenden liegt im Normalbereich.
Allgemeine Bewertung der Belastbarkeit und Trainierbarkeit	Die biometrischen Parameter des Trainierenden liegen alle im Normalbereich. Er hat keine orthopädischen und internistischen Probleme, befindet sich nicht ärztlicher Behandlung und nimmt keine Medikamente. Des Weiteren beschreibt er seinen allgemeinen Gesundheitszustand nach eigener Aussage als „sehr gut" und hat auch keine sonstigen gesundheitlichen Einschränkungen. Er ist somit im vollen Umfang sportlich belastbar und trainierbar.	

Im Folgenden finden Sie zur Einordnung der Normwerte des Blutdrucks und des Körperfettanteils die Tabellen 4 und 5:

Tab. 4: Blutdruck-Normalwert-Tabelle laut WHO (Croci, 2018a)

	systolisch (mmHg)	diastolisch (mmHg)
optimaler Blutdruck	< 120	< 80
normaler Blutdruck	120 - 129	80 - 84
hoch-normaler Blutdruck	130 - 139	85 - 90
milde Hypertonie (Stufe 1)	140 - 159	90 - 99
mittlere Hypertonie (Stufe 2)	160 - 179	100 - 109
schwere Hypertonie (Stufe 2)	>= 180	>= 110

Tab. 5: Klassifikation Körperfett basierend auf Gallagher, D. et al. (2000)

	Frauen				Männer			
Alter (Jahre)	niedrig	normal	hoch	sehr hoch	niedrig	normal	hoch	sehr hoch
20-39	< 21%	21-33%	33-39%	>= 39%	< 8%	8-20%	20-25%	>= 25%
40-59	< 23%	23-34%	34-40%	>= 40%	< 11%	11-22%	22-28%	>= 28%
60-79	< 24%	24-36%	36-42%	>= 42%	< 13%	13-25%	25-30%	>= 30%

2.2 Krafttestung

Es wird der Mehrwiederholungskrafttest (X-RM) nach der ILB-Methode durchgeführt, da der Trainierende keine gesundheitlichen Einschränkungen hat und sportlich voll belastbar ist. Des Weiteren ist der Trainierende aufgrund seiner Trainingserfahrung als Fortgeschrittener einzustufen und hat als primäres Ziel Muskelaufbau genannt. Er startet im ersten Mesozyklus mit zehn Wiederholungen pro Satz. Somit wird auch der Krafttest mit zehn Wiederholungen durchgeführt. Hierbei wird bei der Durchführung von einer Dauer von vier Sekunden pro Wiederholungen ausgegangen. Der Krafttest wird zu Beginn von jedem neuen Mesozyklus wiederholt.

2.2.1 Testablauf

Der Krafttest wird mit einem allgemeinen Aufwärmprogramm begonnen. Ziel von diesem ist es den Körper auf die bevorstehende Belastung vorzubereiten und Verletzungen vorzubeugen. Hierzu fährt der Trainierende zehn Minuten Fahrrad-Ergometer mit mittlerer Intensität.

Im zweiten Schritt wärmt sich der Trainierende mit der jeweiligen Übung auf, die getestet werden soll (spezielles Aufwärmen). Hierbei werden ein bis zwei Testsätze mit zehn Wiederholungen und < 30% des 1-RM durchgeführt. Die Zielmuskulatur soll so auf den Krafttest vorbereiten werden, ohne Leistungseinbußen durch Vorermüdung hervorzurufen.

Im letzten Schritt führt der Trainierende für jede Übung drei Testsätze mit zehn Wiederholungen und einem Bewegungstempo von zwei Sekunden in der exzentrischen Phase und zwei Sekunden in der konzentrischen Phase aus (2/0/2, insg. 4 Sekunden). Um zu großen Leistungseinbußen durch Ermüdungserscheinungen vorzubeugen, ist die Zahl der Testsätze auf drei limitiert und es wird zwischen den Sätzen eine Pausenzeit von drei Minuten eingehalten. Des Weiteren werden die Übungen in der Reihenfolge getestet, wie sie später im Training durchgeführt werden sollen. Da der Trainierende Krafttrainingserfahrung aufweist, stellt er sich das Gewicht für den ersten Testsatz nach eigenem Belastungsempfinden ein. Kann er das Gewicht problemlos und mit sauberer Ausführung zehnmal bewegen, wird das Gewicht für den nächsten Testsatz erhöht. Schafft er dies nicht, wird das Gewicht für den nächsten Satz reduziert. Als Testendergebnis wird das Gewicht gewählt, welches der Trainierende mit zehn Wiederholungen und in sauberer Ausführung bewegen kann.

4

2.2.2 Durchführung des Mehrwiederholungskrafttest nach X-RM

Die Testgewichte und Testendergebnisse aller Übungen sind der Tabelle 6 zu entnehmen:

Tab. 6: Ergebnisse des Krafttests nach 10-RM in kg

Übung	Testsatz 1	Testsatz 2	Testsatz 3	Testendergebnis
Kniebeugen Langhantel, 90°	85	95	100	100
Kreuzheben, klassisch	90	95	100	100
Schulterdrücken, stehend mit Langhantel	45	47,5	/	47,5
Klimmzüge, pronierter schulterbreiter Griff*				
Flachbankdrücken Langhantel	75	77,5	/	77,5
Latzug horizontal, enger Griff am Kabelzug	73	79	86	86
Schrägbankdrücken Kurzhantel, 40°	32,5	35	/	35
Butterfly Reverse	32	45	52	52
SZ-Bizeps-Curl, enger supinierter Griff	30	32,5	35	35
Bauchmaschine	46	50	/	50

*Keine Gewichtsangaben möglich, da bei der Übung ausschließlich das eigene Körpergewicht verwendet wird.

2.2.3 Bewertung der Testergebnisse

Der Norm- bzw. Referenzwertabgleich ist bei der individuellen Leistungsbildmethode nicht möglich, da die gemessenen Kraftleistungen zu stark von subjektiven Parametern wie Psyche beeinflusst werden (Eifler, 2017).

Es lässt sich jedoch die Leistungsentwicklung des Trainierenden gut protokollieren, da zu Beginn von jedem Mesozyklus der Krafttest wiederholt wird um die notwendigen Intensitäten neu zu ermitteln.

Abschließend ist zu sagen, dass bei der Durchführung des Krafttests keine orthopädischen Probleme aufgetreten sind. Somit ist der Trainierende auch im späteren Training voll belastbar.

3 Zielsetzung/Prognose

Die Ziele des Trainierenden werden aus den Trainingsmotiven in Tabelle 1 abgeleitet. Des Weiteren besteht die Möglichkeit, Ziele auch aus seinen Diagnosedaten abzuleiten, zum Beispiel der Erhalt oder die Verbesserung von Gesundheit und Fitness. Die in Tabelle 7 festgelegten Ziele richten sich jedoch ausschließlich nach den Wünschen und Trainingsmotiven des Trainierenden.

Tab. 7: Ziele des Trainierenden auf Basis seiner Trainingsmotive

Ziele		
Inhalt	**Ausmaß**	**Zeitraum**
Aufbau von Muskelmasse, bei gleichbleibendem Körperfettanteil	Zunahme von 3,5kg Körpergewicht, davon 3kg Muskelmasse	6 Monate
Kraftzuwachs Kniebeuge & Kreuzheben	Steigerung der 10-RM um 20%	6 Monate
Verbesserung der Beweglichkeit, insbesondere im Hüft- und Sprunggelenk, um eine tiefere Kniebeuge ohne Probleme ausführen zu können.	Verbesserung der Gelenkbeweglichkeit um 15%, problemloses Durchführen einer Kniebeuge unter 90°	3 Monate

Der Trainierende möchte primär Muskelaufbau betreiben, ohne seinen Körperfettanteil groß zu erhöhen. Als realistisches Ziel ist ein Zuwachs von drei Kilogramm Muskelmasse in sechs Monaten gesetzt. Damit der Körperfettanteil bei 14% bleibt, lässt dies einen Aufbau von zusätzlichen 500 Gramm Körperfett zu und resultiert somit in einer Gewichtszunahme von 3,5 Kilogramm. Der Fortschritt lässt sich mit Hilfe der bereits in der Diagnose angewandten Körperfettwaage dokumentieren und nach 6 Monaten bestätigen. Des Weiteren möchte der Trainierende seine Kraft in den Grundübungen steigern und seine Beweglichkeit verbessern. Somit ergeben sich die letzten beiden Ziele „Kraftzuwachs bei der Kniebeuge und Kreuzheben" und eine „Verbesserung der Beweglichkeit von Hüft- und Sprunggelenk", was insbesondere der Tiefe der Kniebeuge zu Gute kommen soll. Beide Ziele lassen sich durch erneute Krafttestungen vor den jeweiligen Mesozyklen kontrollieren und bestätigen.

4   Trainingsplanung Makrozyklus

Die Trainingsplanung richtet sich nach den Trainingsmotiven und den daraus abgeleiteten Zielen des Trainierenden. Es wird nach der ILB-Methode und mit den Intensitäten des Krafttests trainiert.

Tab. 8: Trainingsplanung Makrozyklus

	Mesozyklus 1	Mesozyklus 2	Mesozyklus 3	Mesozyklus 4
Zyklusdauer	6 Wochen	8 Wochen	6 Wochen	6 Wochen
Trainingsziel	Muskelaufbau	Muskelaufbau	Muskelaufbau (intensiv)	Muskelaufbau (extensiv)
Trainingseinheiten pro Woche	3	3 – 4	3	3 – 4
Organisationsform	GK/Station	GK/Station	GK/Station	GK/Station
Übungen pro Muskelgruppe	1 – 3	1 – 3	1 – 3	1 – 3
Sätze pro Übung	3	3	3	3
Wiederholungszahl pro Satz	10	10	8	12
Intensität	70% - 90% der 10-RM	70% - 90% der 10-RM	70% - 90% der 8-RM	70% - 90% der 12-RM
Dauer Satzpause	60 Sekunden	60 Sekunden	90 Sekunden	60 Sekunden
Bewegungstempo	(2/0/2)*	(2/0/2)	(2/0/2)	(2/0/2)

GK = Ganzkörper

Station = Stationstraining

*Es handelt sich um das Bewegungstempo pro Wiederholung. Die erste Zahl beschreibt die Dauer der exzentrischen Bewegung in Sekunden, die zweite die Haltezeit am untersten Punkt der Exzentrik und die dritte Zahl die Dauer der konzentrischen Bewegung.

4.1   Begründung der Trainingsmethode

Gemäß der Ziele des Trainierenden, wird nach der ILB-Methode im Bereich des Muskelaufbaus trainiert. Da der Trainierende bereits Kraftsporterfahrung hat, wird keine Orientierungsphase durchgeführt. Um die aktuellen Trainingsintensitäten zu errechnen dient der X-RM Test als Referenzgröße für das Training nach ILB. Der Sinn dahinter ist, die Maximalkraft für den Wiederholungsbereich zu ermitteln, in dem auch später trainiert werden soll.

Laut Zimmer ist das Training nach der 1-RM für den Breitensportler nicht zu empfehlen, da die Belastung auf beispielsweise Sehnen, Bändern und Knorpel sehr hoch ist (1999). Des Weiteren ist bei einem Mehrsatztraining die Belastung auf das Herz-Kreislauf und Nervensystem deutlich niedriger. Das Risiko von Bewegungsabfälschungen und Ausweichbewegungen wird minimiert, die Motivation bleibt länger erhalten und die Regenerationsphasen sind deutlich kürzer (Boeckh-Behrens & Buskies, 2002a, S. 54).

4.2 Begründung der Belastungsparameter

Der Trainierende möchte drei- bis viermal pro Woche ein Krafttraining absolvieren. Die Belastungsparameter orientieren sich am ILB-Grundraster der DHfPG (Tabelle 9).

Tab. 9: Grobraster zur Trainingsplanung nach der ILB-Methode (©BSA/DHfPG)

Leistungs-stufe	Zeitstufe (Monate)	Orga.-form	Einheiten/ Woche	Übungen/ Muskel	Sätze/ Übung	Intensität in % ILB
Orientie-rungsstufe	0 – 1,5	GK	2	1 – 2	1 – 2	gering
Beginner	1,5 – 6	GK	2	1 – 2	1 – 2	50 – 70
Geübter	6 – 12	GK	2 – 3	1 – 2	2	60 – 80
Fortgeschrit-tener	> 12	GK/Split	3 – 4	1 – 3	2 – 3	70 – 90
Leistungs-trainierender	> 36	GK/Split	3 – 6	1 – 4	2 – 4	80 – 100

Durch seine Trainingserfahrung ist der Trainierende als Fortgeschrittener zu betrachten.

4.3 Begründung der Organisationsform

Die Organisationsform des Trainings orientiert sich am Grobraster zur Trainingsplan der ILB-Methode in Tabelle 9 und an seinen persönlichen Wünschen. Der Trainierende ist als Fortgeschrittener einzustufen und hat den Wunsch geäußert, seiner Muskulatur mindestens dreimal die Woche einem Trainingsreiz auszusetzen. Unter Berücksichtigung dieser Umstände wird ein Ganzkörpertraining durchgeführt.

Des Weiteren absolviert der Trainierende ein Stationstraining. Grundlegender Gedanke ist hierbei der Fokus auf die Ziele Muskelaufbau und Kraftzuwachs. Laut Heiduk eignet sich gerade für Trainingserfahrene ein Stationstraining im Vergleich zu einem Zirkeltraining deutlich besser zum Muskelaufbau. Der Organismus kann sich nicht gleichermaßen an Kraft- und Ausdauerreize anpassen (2013).

4.4 Begründung der Periodisierung

Die Periodisierung richtet sich primär nach den Trainingszielen und dem Leistungsstand des Trainierenden. Grundlage ist die Thesis, dass ein Sportler seine sportliche Leistungsfähigkeit in Phasen erwirbt und sie nicht durchgehend auf höchstem Level halten kann (Martin et al., 1993, S. 248). Es wird in allen Mesozyklen im Bereich des Muskelaufbaus trainiert. Allerdings verändern sich die Intensitäten und Wiederholungen in den verschieden Mesozyklen um das Training abwechslungsreich und effektiv zu gestalten, sowie ein Übertraining zu verhindern. Durch den gewünschten Zuwachs an Muskelmasse kommt es so zu einer Maximalkraftsteigerung (Boeckh-Behrens & Buskies, 2002b). Des Weiteren wird die Kraftleistung ebenfalls durch eine bessere Rekrutierung und Frequentierung von motorischen Einheiten gesteigert (Sale, 1994, S. 249).

Zu Beginn des Makrozyklus wird über sechs Wochen mit zehn Wiederholungen trainiert. Der Trainierende soll sich an das Training und die Übungen gewöhnen. Anschließend wird für den zweiten Mesozyklus der 10-RM Test wiederholt. Hat sich der Trainierende nun an die Gewichte gewöhnt, sollte er sich im Hinblick auf den ersten Krafttest bereits gesteigert haben und trainiert mit den neu festgestellten Kraftleistungen für acht Wochen mit zehn Wiederholungen. Im dritten Mesozyklus wird mit acht Wiederholungen die Intensität erhöht. Ziel ist es, neue intensivere Reize zu setzen und die Kraft durch den Phasenwechsel effektiv zu steigern. Anschließend wird im letzten Zyklus die Intensität mit 12 Wiederholungen wieder gesenkt und am Grenzbereich zwischen Muskelaufbautraining und Kraftausdauertraining trainiert.

5 Trainingsplanung Mesozyklus

Im Folgenden wird aus dem Makrozyklus in Tabelle 8 der 1. Mesozyklus detailliert dargestellt. Die Darstellung erfolgt tabellarisch (siehe Tabelle 9). Die Kraftwerte zur Ermittlung der Trainingsgewichte sind der Tabelle 6 zu entnehmen. Für die Anwendung in der Praxis werden die Trainingsgewichte teilweise auf- oder abgerundet. Dies ist von den Geräten und Gewichten im Fitnessstudio des Trainierenden abhängig.

Tab. 10: Trainingsplan Mesozyklus 1, Muskelaufbau

Trainingsziel	Zyklusdauer	Organisationsform		Einheiten/Woche		Übung/Muskel	
Muskelaufbau	6 Wochen	GK/Station		3		1 - 3	
Sätze/Übung	Wiederholungen	Intensität		Satzpausen		Bewegungstempo	
3	10	70 – 90% 10-RM		60 Sekunden		(2/0/2)	
Mesozyklus 1		Woche 1	Woche 2	Woche 3	Woche 4	Woche 5	Woche 6
Übung	X-RM Test in kg	70% X-RM in kg	70% X-RM in kg	75% X-RM in kg	80% X-RM in kg	85% X-RM in kg	90% X-RM in kg
Kniebeuge Langhantel, 90°	100	70	70	75	80	85	90
Kreuzheben, klassisch	100	70	70	75	80	85	90
Schulterdrücken Langhantel, stehend	47,5	32,5	32,5	35	37,5	40	42,5
Klimmzüge, proniert schulterbreit							
Flachbankdrücken Langhantel	77,5	55	55	57,5	62,5	65	70
Latzug horizontal am Kabelzug, eng	86	60	60	65	69	73	77
Schrägbankdrücken Kurzhantel, 40°	35	25	25	27,5	27,5	30	32,5
Butterfly Reverse	52	36	36	39	42	44	47
SZ-Bizeps-Curls, supiniert, eng	35	25	25	27,5	27,5	30	32,5
Bauchmaschine	50	35	35	37,5	40	42,5	45

Die Gestaltung des Trainingsplans richtet sich nach den Zielen und Wünschen des Trainierenden. Dieser möchte primär Muskeln aufbauen, seine Kraft speziell in den Grundübungen steigern und seine Beweglichkeit verbessern (vgl. Tabelle 1 und 7). Des Weiteren ist der Trainierende als Fortgeschrittener einzustufen, sodass primär mit freien Gewichten trainiert wird. Dies hat gegenüber dem Training an Maschinen den Vorteil, dass die Eigenstabilisation und intramuskuläre Koordination viel besser trainiert wird (Young, W., B., 2006). Im Hinblick auf die Beweglichkeit und Alltagstauglichkeit sind beide Anpassungseffekte von großer Bedeutung. Ergänzt wird das Freihanteltraining durch wenige Übungen am Seilzug und an Geräten. Diese werden eher zum Ende des Trainings durchgeführt, um abschließend bestimmte Muskelgruppen gezielt zu trainieren. Der Vorteil gegenüber dem Freihanteltraining ist bei den Geräteübungen der, dass die Bewegungsabläufe leichter durchzuführen sind und dadurch das Risiko von falschen Belastungen minimiert wird.

Bei der Reihenfolge wird so vorgegangen, dass mit komplexeren und mehrgelenkigen Übungen begonnen wird. Außerdem wird mit den größten Muskelgruppen zuerst trainiert und die Übungen für Rücken und Brust im Wechsel durchgeführt. Dies soll den Muskelgruppen längere Pausenzeiten zwischen den Übungen ermöglichen.

Es wird somit mit der Übung Kniebeugen mit Langhantel begonnen. Die Übung beansprucht insbesondere die gesamte Oberschenkelmuskulatur. Des Weiteren werden die Waden, der Gluteus Maximus und die Rumpfmuskulatur trainiert. Anschließend führt der Trainierende klassisches Kreuzheben aus. Die beanspruchte Zielmuskulatur befindet sich ähnlich wie bei der Kniebeuge in den Beinen und im Rumpf. Zusätzlich werden eine Vielzahl von Muskeln im Rücken trainiert, da bei der Ausführung die Körperspannung gehalten werden muss. Durch beide Übungen verbessert sich die intramuskuläre Koordination und Eigenstabilisation, was die Beweglichkeit fördert. Im Vergleich zu anderen Übungen wird durch die Vielzahl von beteiligten Muskeln eine hohe Menge an Wachstumshormonen ausgeschüttet, was dem Muskelaufbau und der Kraftsteigerung zu Gute kommt.

Als dritte Übung führt der Trainierende Schulterdrücken im Stehen mit einer Langhantel aus. Es werden der vordere, seitliche und hintere Anteil des Deltamuskels trainiert, sowie der Trizeps und der Kapuzenmuskel. Durch die Ausführung im Stand wird Rumpfmuskulatur gestärkt. Die Übung wird auf Wunsch des Trainierenden vor den Brust- und Rückenübungen durchgeführt.

Als Nächstes führt der Trainierende die Übungen für Rücken und Brust in antagonistischer Reihenfolge aus. Die Rückenmuskulatur wird durch Klimmzüge, horizontalen Latzug am Kabelzug und Butterfly Reverse trainiert. Beanspruchte Zielmuskeln sind vor allem M. latissimus dorsi, M. trapezius und der M. teres major. Des Weiteren werden die Muskeln im Ober- und Unterarm trainiert und bei Butterfly Reverse wird der hintere Teil des Deltamuskels beansprucht. Die Brustmuskulatur, M. pectoralis major und M. pectoralis minor, wird durch die Übungen Flachbankdrücken und Schrägbankdrücken trainiert. Des Weiteren wird bei beiden Übungen der vordere Anteil des Deltamuskels und der Trizeps beansprucht.

Mit der Übung SZ-Bizeps-Curls wird nochmal gezielt die Oberarmmuskulatur trainiert. Diese wird gegen Ende ausgeführt, da die Übung nur über ein Gelenk geht und außerdem eine Vorermüdung der Oberarmmuskulatur die Leistungen des Trainierenden bei den Rückenübungen mindern könnte.

Zum Schluss wird durch die Übung Bauchmuskelmaschine die Bauchmuskulatur gestärkt. Die Durchführung von Bauchübungen am Ende eines Trainings macht Sinn, da vor allem beim Freihanteltraining die Übungen eine gewisse Grundspannung in der Bauch- und Rumpfmuskulatur benötigen. Ein vorheriges Bauchtraining birgt somit das Risiko von Verletzungen und Leistungseinbußen.

6 Literaturrecherche

Für die Literaturrecherche wird nach zwei wissenschaftlichen Studien zum Thema „Effekte des Krafttrainings bei Rückenbeschwerden („low back pain" bzw. „LWS-Syndrom")" recherchiert.

Tab. 11: erste Studie zu Effekten von Krafttraining bei Rückenbeschwerden

Studie I	
Verfasser	Jackson, J. K., Shepherd, T. R. & Kell R. T.
Jahr der Publikation	2011
Versuchspersonen	45 männliche Probanden im Alter von 45 Jahren oder älter mit chronischen, unspezifischen Rückenschmerzen im Lendenwirbelbereich (seit mind. drei Monaten und mind. dreimal die Woche). Diese mussten von einem Arzt diagnostiziert sein. Alle Probanden übten seit mind. 7 Jahren im Schnitt zweimal die Woche Eishockey, Curling, Walking oder Schwimmen aus und weisen keine Erfahrung im Krafttraining auf. Ausschlusskriterien für die Studio waren diagnostizierte Erkrankungen an der Wirbelsäule wie Skoliose und Bandscheibenvorfälle, Tumore und Entzündungen im Lendenwirbelbereich, frühere Operationen an der Wirbelsäule, Rheuma, Osteoporose, Schmerzen unterhalb des Knies und Patienten mit Herz-, Stoffwechsel und Neurologischen Erkrankungen in der Vergangenheit. Des Weiteren durften die Probanden keine Medikamente zu Beginn und während der Studie einnehmen.

Studie I	
Versuchsaufbau	Die gesamte Dauer der Studie betrug 16 Wochen. Davon waren drei Wochen zur Eingewöhnung an das Krafttraining und 13 Wochen für periodisiertes Krafttraining und Krafttests angedacht.
	Die 45 Probanden wurden in drei Gruppen mit jeweils 15 Versuchspersonen aufgeteilt: Gruppe 1: Durchschnittsalter von 52 (+/- 2,7 Jahre) Gruppe 2: Durchschnittsalter von 63 (+/- 3,1 Jahre) Gruppe 3: Durchschnittsalter von 57 (+/- 7,7 Jahre) Bei der dritten Gruppe handelte es sich um die Kontrollgruppe, die kein Krafttraining absolvierte.
	Bei allen Probanden wurde fortlaufen die Körperzusammensetzung wie Körperfettanteil kontrolliert und sie mussten nach acht und 12 Wochen einen Fragebogen ausfüllen und unter anderem ihre Rückenschmerzen bewerten. Die Probanden wurden genau über ihr Training instruiert und führten es in einem nahegelegenen Fitnessstudio durch. Die Gruppen 1 und 2 führten das identische Krafttrainingsprogramm aus. Für die Krafttestungen wurde ein 5RM-Test durchgeführt.
Ergebnisse und Schlussfolgerungen	Gruppe 1 und 2 steigerten ihre Kraftwerte im Vergleich zu der Kontrollgruppe, welche keine Steigerungen der Kraftwerte aufweisen konnte, gleichermaßen signifikant um ca. 25%. Die Kraftsteigerung wurde, durch unterschiedliche Kraftwerte zu Beginn der Studie, prozentual verglichen.
	In beiden Krafttrainingsgruppen gaben die Teilnehmer an, deutlich weniger Schmerzen und Probleme im Lendenwirbelbereich zu haben. Die Teilnehmer der Kontrollgruppe beschrieben keine Verbesserung von Schmerzen und Problemen im unteren Rücken. Ein Krafttraining senkt signifikant die Beschwerden bei chronischen, unspezifischen Rückenschmerzen.

Tab. 12: zweite Studie zu Effekten von Krafttraining bei Rückenbeschwerden

Studie II	
Verfasser	Kirchhoff, D., Kopf, S. & Böckelmann, I.
Jahr der Publikation	2016
Versuchspersonen	64 männliche Polizeibeamten mit chronischen lumbalen Rückenschmerzen im Alter von durchschnittlich 47 Jahren (+/- 7,2 Jahre). Die Beschwerden der Testpersonen müssen seit mind. sechs Monaten bestehen, bzw. seit zwei Jahren immer wiederkehren (mind. drei Episoden mit zwei Wochen Dauer). Des Weiteren müssen die Testpersonen eine Dekonditionierung der Wirbelsäule stabilisierenden Muskulatur und eine fortgeschrittene Chronifizierung des Krankheitsbildes aufweisen.
	Ausschlusskriterien waren akute Bandscheibenvorfälle mit Nervenschädigungen, eine fortgeschrittene Osteoporose mit Frakturen, entzündliche Erkrankungen wie Rheuma oder Morbus Bechterew, schwere Gefäßerkrankungen (z.B. arterielle Verschlusskrankheit) und schwere Herz-Kreislauferkrankungen wie eine Herzinsuffizienz. Vor der Therapie wurde die Schmerzmitteleinnahme nicht erhoben.

13

Studie II	
Versuchsaufbau	Ziel der Studie war es, die Effekte eines isolierten Krafttrainings und die Effekte eines Krafttrainings mit zusätzlicher psychologischer Therapie im Hinblick auf die Kräftigung der Rumpfmuskulatur und chronischen lumbalen Rückenschmerzen zu untersuchen. Dauer der Studie war ca. 15 Wochen. Die Probanden wurden in zwei Gruppen aufgeteilt. Kontrollgruppe: 32 Teilnehmer Experimentalgruppe: 32 Teilnehmer Beide Gruppen führten das identische gerätegestützte Krafttraining aus (24 Einheiten). Die Experimentalgruppe erhielt über den Studienzeitraum zusätzlich 24 psychologische und pädagogische Therapieeinheiten. Die Krafttestung wurde mit subjektiven Belastungsempfinden durchgeführt und richtete sich nach der BORG-Skala.
Ergebnisse und Schluss- folgerungen	Die Probanden beider Gruppen steigerten sich hinsichtlich der Kraft der Rumpfmuskulatur und wiesen weniger Schmerzen im Lendenwirbelbereich auf. Die Experimentalgruppe steigerte sich gegenüber der Kontrollgruppe signifikant stärker. Ein gerätegestütztes Krafttraining kann somit die Beschwerden von Patienten mit chronischen lumbalen Rückenschmerzen lindern. Durch eine zusätzliche psychologische Therapie lässt sich dieser Effekt signifikant steigern.

7

8   Literaturverzeichnis

Boechk-Behrens, W.-U. & Buskies, W. (2002a). *Fitnesskrafttraining - Die besten Übungen und Methoden für Sport und Gesundheit* (6. Auflage). Reinbek bei Hamburg: Rowohlt Taschenbuch Verlag GmbH.

Boechk-Behrens, W.-U. & Buskies, W. (2002b). *Gesundheitsorientiertes Krafttraining* (1. Auflage). Winsen: Dr. Loges + CO. GmbH.

Croci, S. (2018a). Blutdruck Normalwerte. Zugriff am 05.12.2018. Verfügbar unter https://www.blutdruckdaten.de/lexikon/blutdruck-normalwerte.html

Croci, S. (2018b). Blutdruck und Puls. Zugriff am 05.12.2018. Verfügbar unter https://www.blutdruckdaten.de/lexikon/blutdruck-und-puls.html

Eifler, C. (2017). *Studienbrief Trainingslehre I.* Saarbrücken: Deutsche Hochschule für Prävention und Gesundheitsmanagement.

Gallagher, D., Heymsfield, S. B., Heo, M., Jebb S. A., Murgatroyd, P. R., Sakamoto, Y. (2000). Healthy percentage body fat ranges: an approach for developing guidelines based on body mass index. *The American journal of clincial nutrition,* 72 (3), 694-701

Heiduk, R. (2013). Zirkel- und Stations-Training im Vergleich. Zugriff am 11.12.2018. Verfügbar unter http://blog.eisenklinik.de/2013/04/19/zirkel-und-stations-training-im-vergleich/

Jackson, J. K., Shepherd, T. R., Kell, R. T. (2011). The Influence of Periodized Resistance Training on Recreationally Active Males with Chronic Nonspecific Low Back Pain. *Journal of Strength and Conditioning Research,* 25 (1), 242-251

Kirchhoff, D., Kopf, S., Böckelmann, I. (2016). Krafttrainingstherapie bei männlichen Polizeibeamten mit chronischen lumbalen Rückenschmerzen. *Zentralblatt für Arbeitsmedizin, Arbeitsschutz und Ergonomie,* 66 (1), 10-19

Martin, D., Carl, K., Lehnertz, K. (1993). *Handbuch Trainingslehre.* (2. Auflage). Schorndorf: Hofmann.

Sale, D. G. (1994). Neuronale Adaptionen im Verlauf eines Krafttrainings. In P. V. Komi (Hrsg.), *Kraft und Schnellkraft im Sport* (S. 249-265). Köln: Deutscher Ärzte-Verlag.

Young, W., B. (2006). Transfer of Strength and Power Training to Sports Performance. *International journal of sports physiology and performance*, 1 (2), 74-83

Zimmer, M. (1999). *Entwicklung und Erprobung eines Mehrwiederholungstests zur Erfassung der Kraftleistung im Fitneß-Training*. Dissertation, Universität des Saarlandes. Saarbrücken.

9 Tabellenverzeichnis

Tab. 1: allgemeine Daten des Trainierenden 1

Tab. 2: biometrische Parameter des Trainierenden 2

Tab. 3: Bewertung der biometrischen Parameter 3

Tab. 4: Blutdruck-Normalwert-Tabelle laut WHO (Croci, 2018a) 3

Tab. 5: Klassifikation Körperfett basierend auf Gallagher, D. et al. (2000) 3

Tab. 6: Ergebnisse des Krafttests nach 10-RM in kg 5

Tab. 7: Ziele des Trainierenden auf Basis seiner Trainingsmotive 6

Tab. 8: Trainingsplanung Makrozyklus 7

Tab. 9: Grobraster zur Trainingsplanung nach der ILB-Methode (©BSA/DHfPG) 8

Tab. 10: Trainingsplan Mesozyklus 1, Muskelaufbau 10

Tab. 11: erste Studie zu Effekten von Krafttraining bei Rückenbeschwerden 12

Tab. 12: zweite Studie zu Effekten von Krafttraining bei Rückenbeschwerden 13